DIOCÈSE  D'ANGERS

CATÉCHISME

des

Petits Enfants

IMPRIMÉ PAR ORDRE DE

Mgr JOSEPH RUMEAU

ÉVÊQUE D'ANGERS

ANGERS
G. GRASSIN, IMPRIMEUR-ÉDITEUR
de Mgr l'Évêque, du Grand-Séminaire et du Clergé
40, rue du Cornet et rue Saint-Laud

DIOCÈSE D'ANGERS

CATÉCHISME

des

Petits Enfants

IMPRIMÉ PAR ORDRE DE

Mgr JOSEPH RUMEAU

ÉVÊQUE D'ANGERS

ANGERS

G. GRASSIN, IMPRIMEUR-ÉDITEUR

de Mgr l'Évêque, du Grand-Séminaire et du Clergé

40, rue du Cornet et rue Saint-Laud

« Cœur sacré de Jésus, que votre règne arrive ! »

(300 jours d'indulgence chaque fois. Pie X, 1908.)

ORDONNANCE

DE MONSEIGNEUR L'ÉVÊQUE D'ANGERS

pour la Publication du *Petit Catéchisme*

Nous JOSEPH RUMEAU, par la miséricorde divine et l'autorité du Saint-Siège apostolique, Évêque d'Angers;

Vu le décret *Quam singulari* par lequel le Souverain Pontife, remettant en vigueur l'antique discipline de l'Église, prescrit l'admission des enfants à la première communion, dès qu'ils ont atteint l'âge de discrétion, c'est-à-dire vers sept ans;

Considérant que ce décret exige comme première préparation à un si grand acte la connaissance des éléments les plus essentiels de notre sainte religion;

Désireux de faciliter cette étude aux tout petits enfants et de répondre par là au vœu unanime de nos chers coopérateurs;

Avons ordonné et ordonnons ce qui suit :

Article premier. — Un petit catéchisme sera publié pour l'instruction religieuse des enfants de six à huit ans. Il sera seul en usage dans le diocèse.

Art. 2. — Il sera extrait du catéchisme ordinaire, afin que plus tard, les enfants retrouvant les mêmes formules, leur travail et celui des catéchistes soit simplifié.

Art. 3. — Ce petit catéchisme, forcément incomplet, ne saurait suffire et l'on manquerait gravement à son devoir si l'on s'en contentait. Le catéchisme ordinaire demeure obligatoire à partir de 8 ans.

Art. 4. — Nous aimons à compter sur le zèle des pasteurs et la sollicitude des parents pour préparer les enfants en bas âge à la première communion privée par l'exposition *orale* des vérités contenues dans ce petit catéchisme. Ce sera seulement quand leur jeune intelligence les aura saisies qu'ils pourront en étudier avec fruit le texte et le fixer dans leur mémoire.

Et sera notre présente ordonnance publiée en tête du petit catéchisme édité par nos soins.

Donné à Angers, le 15 *août* 1911,

en la fête de l'Assomption de la Très Sainte Vierge Marie.

† JOSEPH, Év. d'Angers.

Par Mandement de Monseigneur l'Évêque :

L. Thibault, ch., vic. gén.,
Secrétaire général.

PRIÈRES

DU MATIN ET DU SOIR

---

† Au nom du Père, et du Fils, et du Saint-Esprit Ainsi soit-il.

L'ORAISON DOMINICALE

NOTRE Père, qui êtes aux cieux, que votre nom soit sanctifié ; que votre règne arrive; que votre volonté soit faite sur la terre comme au ciel. Donnez-nous aujourd'hui notre pain quotidien ; pardonnez-nous nos offenses, comme nous pardonnons à ceux qui nous ont offensés ; et ne nous laissez point succomber à la tentation ; mais délivrez-nous du mal. Ainsi soit-il.

LA SALUTATION ANGÉLIQUE

Je vous salue, Marie, pleine de grâce, le Seigneur est avec vous, vous êtes bénie entre toutes les femmes, et Jésus, le fruit de vos entrailles, est béni.

Sainte Marie, Mère de Dieu, priez pour nous, pauvres pécheurs, maintenant et à l'heure de notre mort. Ainsi soit-il.

LE SYMBOLE DES APOTRES

Je crois en Dieu, le Père tout-puissant, Créateur du ciel et de la terre ; et en Jésus-Christ, son Fils unique, Notre-Seigneur ; qui a été conçu du Saint-Esprit, est né de la Vierge Marie ; a souffert sous Ponce-Pilate, a été crucifié, est mort et a été enseveli ; est descendu aux enfers, le troisième jour est ressuscité des morts ; est monté aux cieux, est assis à la droite de Dieu, le Père tout-puissant ; d'où il viendra juger les vivants et les morts.

Je crois au Saint-Esprit, la sainte Église catholique, la communion des Saints, la rémission des péchés, la résurrection de la chair, la vie éternelle. Ainsi soit-il.

LA CONFESSION DES PÉCHÉS

Je confesse à Dieu tout-puissant, à la bienheureuse Marie toujours Vierge, à saint Michel Archange, à saint Jean-Baptiste, aux Apôtres saint Pierre et saint Paul, à tous les Saints (*et à vous, mon Père*), que j'ai beaucoup péché, en pensées, en paroles et en œuvres ; par ma faute, par ma faute, par ma très grande faute. C'est pourquoi je prie la bienheureuse Marie, toujours Vierge, saint Michel Archange, saint Jean-Baptiste, les Apôtres saint Pierre et saint Paul, tous les Saints (*et vous, mon Père*), de prier pour moi le Seigneur notre Dieu.

Que le Dieu tout-puissant ait pitié de nous, et qu'après nous avoir pardonné nos péchés, il nous conduise à la vie éternelle. Ainsi soit-il.

Que le Seigneur tout-puissant et miséricordieux nous accorde indulgence, absolution et rémission de tous nos péchés. Ainsi soit-il.

ACTE DE FOI

Mon Dieu, je crois fermement tout ce que la sainte Église catholique, apostolique et romaine, m'ordonne de croire, parce que c'est vous, ô vérité infaillible, qui l'avez révélé.

ACTE D'ESPÉRANCE

Mon Dieu, j'espère avec une ferme confiance, que vous me donnerez, par les mérites de Notre-Seigneur Jésus-Christ, votre grâce en ce monde, et, si j'observe vos commandements, votre gloire dans l'autre, parce que vous l'avez promis et que vous êtes souverainement fidèle dans vos promesses.

ACTE DE CHARITÉ

Mon Dieu, je vous aime de tout mon cœur et par-dessus toutes choses, parce que vous êtes infiniment bon, infiniment aimable : j'aime aussi mon prochain comme moi-même pour l'amour de vous.

ACTE D'ADORATION

Mon Dieu, je vous adore comme mon Créateur et mon souverain Maître, de qui je dépends en toutes choses, et je vous rends de tout mon cœur les hommages dus à votre majesté.

ACTE DE CONTRITION

Mon Dieu, j'ai un grand regret de vous avoir offensé, parce que vous êtes infiniment bon, infiniment aimable et que le péché vous déplaît. Je me propose fermement, aidé de votre sainte grâce, de ne plus vous offenser et de satisfaire à votre justice par la pénitence.

PRIÈRES DIVERSES

POUR LE LEVER

Mon Dieu, je vous adore, je vous donne mon cœur, répandez sur ma journée votre sainte bénédiction. Ainsi soit-il.

ACTE D'OFFRANDE DE SON SOMMEIL A DIEU

Mon Dieu, je vous offre le sommeil que je vais prendre et mon réveil de demain; conservez-moi dans votre grâce, et préservez-moi de tout péché. Ainsi soit-il.

EN L'HONNEUR DE LA SAINTE EUCHARISTIE

Loué et remercié soit à chaque instant le très saint et très divin Sacrement.

A LA SAINTE VIERGE

Souvenez-vous, ô très pieuse Vierge Marie, qu'on n'a jamais entendu dire qu'aucun de ceux qui ont eu recours à votre protection, qui ont imploré votre secours et sollicité vos suffrages, ait été abandonné. Animé de cette confiance, ô Vierge des vierges, ô ma Mère, je viens, je cours à vous; et, gémissant sous le poids de mes péchés, je me prosterne à vos pieds. O Mère du Verbe, ne méprisez pas ma prière; mais écoutez-la favorablement, et daignez l'exaucer.

O Marie conçue sans péché, priez pour nous qui avons recours à vous.

A L'ANGE GARDIEN

Ange de Dieu, qui êtes mon gardien, à qui j'ai été confié par la divine miséricorde, éclairez-moi, protégez-moi, dirigez-moi et gouvernez-moi. Ainsi soit-il.

EXERCICE POUR LA CONFESSION

PRIÈRE AVANT L'EXAMEN

Esprit-Saint, source de lumière, je vous supplie humblement d'éclairer ma conscience et de me faire connaître mes péchés. Daignez me les montrer, avec leur nombre et leur malice, tels que je les verrai, au sortir de cette vie, quand il me faudra paraître devant vous pour être jugé.

Je vous le demande instamment, ô mon Dieu, par l'intercession de la miséricordieuse Vierge Marie, ma mère, de mon ange gardien, du bon saint Joseph et de mon saint patron.

EXAMEN DE CONSCIENCE

Ai-je refusé d'apprendre mes prières? — Ai-je négligé de dire mes prières du matin et du soir? — Les ai-je mal faites? — Me suis-je dissipé à l'église?

Ai-je parlé sans respect du bon Dieu, de la sainte Vierge, des Anges, des Saints, de la Religion?

Ai-je manqué la messe le dimanche par ma faute?

Ai-je manqué de respect à mes parents? — Leur ai-je désobéi? — Ai-je été méchant pour mes frères et sœurs?

Ai-je injurié ou frappé mon prochain? — Me suis-je vengé? — Ai-je donné le mauvais exemple?

Ai-je dit de vilaines paroles? — Ai-je fait des actions déshonnêtes?

Ai-je volé (argent, friandises, fruits, objets)?

Ai-je menti? — Ai-je fait des rapports contre mes frères et sœurs ou contre mes camarades de classe par méchanceté ou par jalousie?

Suis-je resté trop longtemps sans me confesser et sans communier? — Ai-je caché des péchés graves dans mes confessions précédentes? — Ai-je communié sans piété pour faire comme les autres? — Ai-je parlé ou tourné la tête par dissipation, soit en revenant de la sainte table, soit en y allant? — Ai-je commis un ou plusieurs sacrilèges en communiant en état de péché mortel?

Ai-je mangé de la viande les jours défendus par ma faute?

Ai-je été entêté, boudeur, jaloux? Ai-je gardé rancune?

Ai-je été gourmand? — Ai-je recherché les morceaux les meilleurs?

Me suis-je mis en colère?

Ai-je été paresseux pour me lever, pour étudier?

PRIÈRE POUR DEMANDER LA CONTRITION

O mon Dieu, je vous remercie de m'avoir fait connaître mes péchés et je vous supplie de m'accorder la grâce de m'en repentir. J'ai une extrême confusion de retomber toujours dans les mêmes fautes, après vous avoir tant de fois promis de ne plus les commettre. Aidez-moi, Seigneur, à les détester, et faites naître en moi le désir sincère de m'en corriger et d'en faire pénitence.

Quand le moment est venu de se confesser, il faut faire ce qui est dit à la page 63.

ACTES POUR LA COMMUNION

AVANT LA COMMUNION

ACTE DE FOI

O mon Jésus, vous êtes réellement présent dans l'Eucharistie et c'est vous que je vais recevoir. Je le crois parce que vous l'avez dit.

ACTE D'ADORATION

O mon Jésus, je vous adore caché dans l'hostie, vous, mon créateur et mon souverain maître, de qui je dépends en toutes choses.

ACTE D'HUMILITÉ

O mon Jésus, je ne mérite pas que vous vous donniez à moi dans la sainte communion; vous êtes si grand et je suis si petit; vous êtes si puissant et je suis si faible; vous êtes si saint et je suis si imparfait.

ACTE DE CONTRITION

O mon Jésus, je suis si jeune et je vous ai déjà offensé par mes péchés ! J'ai un grand regret de les avoir commis, parce que vous êtes infiniment bon, et je vous promets, avec le secours de votre grâce, de ne plus pécher à l'avenir.

ACTE D'ESPÉRANCE

O mon Jésus, j'espère que par la grâce de la communion vous daignerez me purifier, m'aider à me corriger de tous mes défauts et me sanctifier.

ACTE D'AMOUR

O mon Jésus, qui poussez votre amour jusqu'à vous donner tout entier à moi dans la sainte communion, je vous aime de tout mon cœur et je veux vous aimer toute ma vie.

ACTE DE DÉSIR

Venez, ô mon Jésus, j'ai le plus ardent désir de vous recevoir, venez prendre possession de mon âme ; unissez-vous à moi, je veux m'unir à vous !

APRÈS LA COMMUNION

ACTE DE REMERCIEMENT

O mon Jésus, c'est vous que je viens de recevoir dans la sainte communion ! Je vous possède dans mon cœur ! Combien je vous remercie et que puis-je vous rendre pour un si grand bienfait !

ACTE D'OFFRANDE

O mon Jésus ! Je vous offre mes pensées, mes paroles, mes actions, tout ce que je suis et tout ce que je possède. Je veux vous appartenir pour toujours.

ACTE D'AMOUR

O mon Jésus, qui poussez votre amour jusqu'à vous donner tout entier à moi dans la sainte communion, je vous aime de tout mon cœur et je veux vous aimer toute ma vie.

ACTE DE DEMANDE

O mon Jésus, je vous demande avec confiance la grâce dont j'ai besoin pour vivre en bon chrétien. Je vous demande la même grâce pour mes parents, mes bienfaiteurs et mes amis.

PRIÈRE

AVEC INDULGENCE PLÉNIÈRE

O bon et très doux Jésus, je me prosterne à genoux en votre présence et je vous prie et vous conjure, avec toute la ferveur de mon âme, de daigner graver dans mon cœur de vifs sentiments de foi, d'espérance et de charité, un vrai repentir de mes égarements et une volonté très ferme de m'en corriger, pendant que je considère en moi-même et que je contemple en esprit vos cinq plaies, avec une grande affection et une grande douleur, ayant devant les yeux ces paroles prophétiques que déjà le saint prophète David prononçait de vous, ô mon aimable Jésus : « Ils ont percé mes mains et mes pieds, ils ont compté tous mes os. »

PRIÈRE AVANT LE CATÉCHISME

O Jésus, mon divin maître, faites-moi la grâce d'apprendre et de savoir tout ce qui est nécessaire pour vous connaître, vous aimer et vous servir.

Notre Père et *Je vous salue.*

PRIÈRE APRÈS LE CATÉCHISME

Saint Enfant Jésus, qui avez profité en âge et en sagesse devant Dieu et devant les hommes, faites-moi la grâce de profiter comme vous, afin que, vous imitant, je vous suive jusqu'à la vie éternelle. Ainsi soit-il.

Souvenez-vous, etc.

PETIT CATÉCHISME

à l'usage du

Diocèse d'Angers

LEÇON PRÉLIMINAIRE

Qui nous a créés et mis au monde?

C'est Dieu.

Pourquoi Dieu nous a-t-il créés et mis au monde?

Pour le connaître, l'aimer, le servir et par ce moyen aller au ciel.

Comment faut-il servir Dieu pour aller au ciel?

Il faut le servir en bon chrétien.

Êtes-vous Chrétien?

Oui, je suis chrétien, par la grâce de Dieu.

Qu'est-ce qu'un Chrétien?

Un chrétien, c'est celui qui a été baptisé.

Quel est le signe du Chrétien?

C'est le signe de la Croix.

Faites le signe de la Croix?

Au nom du Père, et du Fils, et du Saint-Esprit. Ainsi soit-il.

Descente du Saint-Esprit sur les apôtres.

PREMIÈRE PARTIE

Des Vérités à croire

LEÇON PREMIÈRE

DU SYMBOLE DES APOTRES

Qu'est-ce que le Symbole des Apôtres?

Le Symbole des apôtres est un abrégé des principales vérités de la Religion.

Récitez le Symbole des Apôtres.

1. Je crois en Dieu le Père tout-puissant, Créateur du ciel et de la terre,

2. Et en Jésus-Christ, son Fils unique, Notre-Seigneur,

3. Qui a été conçu du Saint-Esprit, est né de la Vierge Marie,

4. A souffert sous Ponce-Pilate, a été crucifié, est mort, a été enseveli,

5. Est descendu aux enfers, le troisième jour est ressuscité des morts,

6. Est monté aux cieux, est assis à la droite de Dieu le Père tout-puissant,

7. D'où il viendra juger les vivants et les morts,

8. Je crois au Saint-Esprit,

9. La sainte Église catholique, la communion des saints,

10. La rémission des péchés,

11. La résurrection de la chair,

12. La vie éternelle. Ainsi soit-il.

Combien y a-t-il de principaux Mystères?

Il y a trois principaux Mystères.

Quels sont ces trois principaux Mystères?

Ce sont le mystère de la Sainte Trinité, le mystère de l'Incarnation et le mystère de la Rédemption.

Qu'est-ce que le Mystère de la Sainte Trinité?

Le mystère de la Sainte Trinité est le mystère d'un seul Dieu en trois personnes, qui sont le Père, le Fils et le Saint-Esprit.

Qu'est-ce que le Mystère de l'Incarnation?

Le mystère de l'Incarnation est le mystère du Fils de Dieu fait homme.

Qu'est-ce que le Mystère de la Rédemption?

Le mystère de la Rédemption est le mystère du Fils de Dieu fait homme, mort pour nous sur la Croix.

Représentation allégorique de la Sainte Trinité.

LEÇON DEUXIÈME

DE DIEU ET DU MYSTÈRE DE LA SAINTE TRINITÉ

Qu'est-ce que Dieu?

Dieu est l'Être infiniment parfait, créateur du ciel et de la terre, et souverain maître de toutes choses.

Dieu a-t-il toujours existé?

Oui, Dieu a toujours existé et il existera toujours; il est éternel.

Où est Dieu?

Dieu est partout.

Dieu connaît-il tout?

Oui, Dieu connaît tout, même nos plus secrètes pensées.

Dieu prend-il soin de toutes ses créatures?

Oui, Dieu prend soin de toutes ses créatures, petites et grandes; il les gouverne avec sagesse et bonté; c'est ce qu'on appelle la *Providence.*

Y a-t-il plusieurs Dieux?

Non, il n'y a qu'un *seul* Dieu.

Combien y a-t-il de personnes en Dieu?

Il y a trois personnes en Dieu : la première s'appelle le *Père*, la seconde le *Fils*, la troisième le *Saint-Esprit.*

Ces trois personnes sont-elles trois Dieux?

Non, le Père, le Fils et le Saint-Esprit ne sont qu'un seul Dieu en trois personnes.

Comment appelle-t-on ce mystère?

Ce mystère s'appelle le mystère de la *Sainte Trinité.*

LEÇON TROISIÈME

DES ANGES ET DE L'HOMME

Qu'est-ce que les anges?

Les anges sont de purs esprits que Dieu a créés pour l'adorer et pour exécuter ses ordres.

Sont-ils tous demeurés fidèles à Dieu?

Non, un grand nombre se sont révoltés contre Dieu et ont été, pour toujours, précipités dans l'enfer.

Quel nom donne-t-on à ces mauvais anges?

On les appelle les démons; leur chef est Satan.

Qu'est-ce que l'Ange gardien?

L'ange gardien est l'ange que Dieu a donné à chacun de nous pour nous garder pendant la vie et nous conduire aux cieux.

Qu'est-ce que l'homme?

L'homme est une créature raisonnable composée d'une âme et d'un corps.

Qu'est-ce que l'âme?

L'âme est un esprit créé à l'image de Dieu et qui ne mourra jamais.

L'âme ne meurt donc pas avec le corps?

Non, l'âme ne meurt pas avec le corps; elle est immortelle.

Comment appelez-vous le premier homme et la première femme?

Nous les appelons Adam et Ève; ils sont nos premiers parents.

Adam et Ève sont-ils toujours restés fidèles à Dieu?

Non, Adam et Ève ont désobéi à Dieu en mangeant du fruit défendu.

Dieu abandonna-t-il l'homme après son péché?

Non, Dieu n'abandonna pas l'homme après son péché; il eut pitié de lui et promit de lui envoyer un Messie pour le sauver.

La naissance de Notre-Seigneur Jésus-Christ.

LEÇON QUATRIÈME

DU MYSTÈRE DE L'INCARNATION

Le Messie a-t-il été envoyé aux hommes?

Oui, le Messie a été envoyé aux hommes, après plus de quatre mille ans.

Quel est donc le Messie, Sauveur du monde?

C'est le Fils de Dieu, qui s'est fait homme.

Comment s'appelle le Fils de Dieu, fait homme?

Le Fils de Dieu, fait homme, s'appelle *Jésus-Christ*.

Le Fils de Dieu a-t-il cessé d'être Dieu en se faisant homme ?

Non, le Fils de Dieu n'a pas cessé d'être Dieu en se faisant homme; il est en même temps *Dieu* et *homme.*

Comment appelle-t-on ce Mystère ?

On appelle ce mystère, le mystère de l'Incarnation.

La Sainte Vierge Marie est-elle véritablement Mère de Dieu?

Oui, la Sainte Vierge Marie est véritablement Mère de Dieu, puisque son fils est Dieu.

Quel jour Jésus-Christ est-il né ?

Jésus-Christ est né le 25 décembre, que nous appelons le jour de Noël.

Où est-il né ?

A Bethléem, petite ville de Judée, dans une étable, au milieu de la nuit.

A qui la naissance de Jésus-Christ fut-elle d'abord annoncée ?

Elle fut d'abord annoncée à des bergers par les anges; ensuite aux Mages, par une étoile miraculeuse.

Jésus-Christ meurt sur la Croix.

LEÇON CINQUIÈME

DU MYSTÈRE DE LA RÉDEMPTION

Comment Jésus-Christ a-t-il sauvé les hommes?

Jésus-Christ a sauvé les hommes en souffrant et en mourant pour eux; c'est ce qu'on appelle la *Passion* de Jésus-Christ.

A quel genre de mort Jésus-Christ fut-il condamné?

Jésus-Christ fut condamné à porter sa croix jusqu'au Calvaire, et à être crucifié entre deux voleurs.

Quel jour mourut Jésus-Christ?

Jésus-Christ mourut le Vendredi-Saint, vers trois heures du soir.

Pourquoi Jésus-Christ est-il mort?

Jésus-Christ est mort pour expier nos péchés, nous délivrer de l'enfer et nous ouvrir le ciel.

Jésus-Christ est-il ressuscité?

Oui, Jésus-Christ est ressuscité, le troisième jour après sa mort.

Que signifient ces mots : « Jésus-Christ est ressuscité »?

Ces mots signifient que Jésus-Christ a réuni son âme à son corps par sa toute-puissance, et qu'il est sorti vivant et glorieux du tombeau.

Comment s'appelle le jour où Jésus-Christ est ressuscité?

Il s'appelle le jour de Pâques.

LEÇON SIXIÈME

DE L'ASCENSION ET DE LA PENTECOTE

Jésus-Christ est-il monté aux cieux?

Oui, Jésus-Christ est monté aux cieux en corps et en âme, quarante jours après sa résurrection.

Comment s'appelle le jour où Jésus-Christ est monté aux Cieux?

Il s'appelle le jour de l'Ascension.

Où est maintenant Jésus-Christ?

Jésus-Christ, comme Dieu, est partout; Jésus-Christ, comme Homme-Dieu, est au ciel et dans l'Eucharistie.

Qu'est-ce que le Saint-Esprit?

Le Saint-Esprit est la troisième personne de la Sainte Trinité.

Le Saint-Esprit est-il descendu sur les apôtres?

Oui, le Saint Esprit est descendu sur les apôtres, sous la forme de langues de feu, dix jours après l'Ascension.

Comment s'appelle le jour où le Saint-Esprit est descendu sur les apôtres?

Il s'appelle le jour de la Pentecôte.

Le Pape, vicaire de Jésus-Christ, assisté par le Saint-Esprit.

LEÇON SEPTIÈME

DE L'ÉGLISE

Qu'est-ce que l'Église ?

L'Église est la société de tous les chrétiens soumis aux pasteurs légitimes, sous l'autorité de Notre Saint Père le Pape.

Qu'est-ce que le Pape ?

Le Pape est le successeur de saint Pierre, et le chef visible de l'Église : il tient la place de Jésus-Christ sur la terre.

Quels sont les autres pasteurs légitimes de l'Église?

Les autres pasteurs légitimes de l'Église sont les *Évêques*, soumis à l'autorité du Pape.

N'y a-t-il pas encore d'autres pasteurs?

Oui, il y a encore d'autres pasteurs; ce sont les curés, chargés par les évêques de gouverner les paroisses.

Sommes-nous obligés de croire tout ce que l'Église enseigne?

Oui, nous sommes obligés de croire tout ce que l'Église enseigne, parce que Jésus-Christ l'a chargée de nous instruire, et qu'elle est infaillible.

Que voulez-vous dire par ces mots : « L'Église est infaillible »?

Je veux dire que l'Église ne peut pas enseigner l'erreur.

Pourquoi l'Église ne peut-elle pas enseigner l'erreur?

L'Église ne peut pas enseigner l'erreur, parce que Jésus-Christ a promis d'être avec elle, tous les jours, jusqu'à la fin des siècles.

Qu'est-ce que l'Église enseigne aux fidèles?

L'Église enseigne aux fidèles les vérités que Jésus-Christ a lui-même enseignées aux apôtres.

« Donnez-leur, Seigneur, le repos éternel, et que la lumière qui ne s'éteint pas luise sur eux ! Qu'ils reposent en paix ! Ainsi soit-il. »

(300 jours d'indulgence. Pie X, 1908.)

LEÇON HUITIÈME

DES FINS DERNIÈRES

Sommes-nous sur la terre pour y vivre toujours?

Non, nous ne sommes pas sur la terre pour y vivre toujours; tous les hommes doivent mourir en punition du péché d'Adam.

Qu'est-ce que la mort?

La mort est la séparation de l'âme d'avec le corps.

Que devient notre âme aussitôt après la mort?

Aussitôt après la mort, notre âme paraît devant Dieu pour y être jugée : ce premier jugement se nomme le *jugement particulier*.

Que devient notre corps après la mort?

Après la mort, notre corps se corrompt et tombe en poussière, mais il redeviendra vivant, à la fin du monde.

Qu'arrivera-t-il après la résurrection des corps?

Tous les hommes seront rassemblés, et Jésus-Christ reviendra visiblement sur la terre pour les juger.

Comment nomme-t-on ce second jugement?

On le nomme le *jugement général* ou le *jugement dernier*.

Qu'est-ce que le ciel?

Le ciel, qu'on appelle aussi le paradis, est un lieu de délices, où les saints voient Dieu et jouissent d'un bonheur éternel.

Qu'est-ce que l'enfer?

L'enfer est un lieu de supplices, où les méchants sont privés de la vue de Dieu et souffrent avec les démons dans le feu éternel.

Qu'est-ce que le purgatoire?

Le purgatoire est un lieu de souffrances, où les âmes des justes achèvent d'expier leurs péchés, avant d'entrer dans le ciel.

DEUXIÈME PARTIE

Des Devoirs à pratiquer

LEÇON PREMIÈRE

COMMANDEMENTS DE DIEU

Suffit-il pour aller au ciel de croire tout ce que l'Église enseigne?

Non, il faut encore obéir aux commandements de Dieu.

Qu'appelle-t-on commandements de Dieu?

On appelle *commandements de Dieu* la loi que Dieu a donnée à Moïse sur le mont Sinaï, et que Jésus-Christ nous a imposée de nouveau dans l'Évangile.

Combien y a-t-il de commandements de Dieu?

Il y en a *dix*, dont les trois premiers contiennent nos devoirs envers Dieu, et les sept autres nos devoirs envers le prochain et envers nous-mêmes.

Dites-les ?

1. Un seul Dieu tu adoreras
Et aimeras parfaitement.

2. Dieu en vain tu ne jureras,
Ni autre chose pareillement.

La Sainte Famille.

3. Les dimanches tu garderas,
En servant Dieu dévotement.

4. Tes père et mère honoreras,
Afin de vivre longuement.

5. Homicide point ne seras,
De fait ni volontairement.

6. Luxurieux point ne seras,
De corps ni de consentement.

7. Le bien d'autrui tu ne prendras,
Ni retiendras à ton escient.

8. Faux témoignage ne diras,
Ni mentiras aucunement.

9. L'œuvre de chair ne désireras,
Qu'en mariage seulement.

10. Biens d'autrui ne convoiteras,
Pour les avoir injustement.

LEÇON DEUXIÈME

COMMANDEMENTS DE DIEU (suite)

Qu'est-ce qu'adorer Dieu?

Adorer Dieu, c'est le reconnaître pour le Créateur et le souverain Maître de toutes choses.

Devons-nous adorer Jésus-Christ?

Oui, nous devons adorer Jésus-Christ, parce qu'il est Dieu.

Qu'est-ce que blasphémer?

Blasphémer, c'est dire des paroles injurieuses contre Dieu ou contre les saints; c'est en particulier profaner le saint nom de Dieu.

Comment faut-il sanctifier le dimanche?

Pour sanctifier le dimanche, il faut : 1° assister à la messe, et 2° ne pas travailler à des œuvres serviles.

Quelle est la punition de l'enfant qui outrage ses parents?

L'enfant qui outrage ses parents est maudit de Dieu et méprisé des hommes.

A quoi sont obligés ceux qui ont fait tort au prochain dans ses biens?

Ils sont obligés à restituer au plus tôt ce qu'ils ont volé ou retenu, et à réparer le dommage qu'ils ont fait.

Qu'est-ce que mentir?

Mentir, c'est parler contre sa pensée avec l'intention de tromper.

Les dimanches messe ouïras...

LEÇON TROISIÈME

COMMANDEMENTS DE L'ÉGLISE

Sommes-nous obligés d'observer les commandements de l'Église?

Oui, nous sommes obligés d'observer les commandements de l'Église, car Jésus-Christ a déclaré que désobéir à l'Église, c'est lui désobéir à lui-même.

Combien y a-t-il de commandements de l'Église?

Il y a six principaux commandeuents de l'Église.

Récitez-les?

1. Les dimanches Messe ouïras,
Et Fêtes de commandement.

2. Ces mêmes jours sanctifieras,
Sans travailler servilement.

3. Tous tes péchés confesseras,
A tout le moins une fois l'an.

4. Ton Créateur tu recevras
Au moins à Pâques humblement.

5. Quatre-Temps, Vigiles, jeûneras,
Et le Carême entièrement.

6. Vendredi chair ne mangeras
Ni le samedi mêmement.

Est-ce un grand péché de ne pas faire ses Pâques?

Oui, c'est un péché mortel. Jésus-Christ a dit : « Si vous ne mangez pas ma chair, vous n'aurez pas la vie en vous. »

Pourquoi l'Église a-t-elle ordonné le jeûne et l'abstinence?

L'Église a ordonné le jeûne et l'abstinence pour nous faire pratiquer la pénitence que nous impose l'Évangile.

L'Agonie de Jésus-Christ au Jardin des Oliviers.

LEÇON QUATRIÈME

DU PÉCHÉ

Celui qui ne pratique pas les commandements de Dieu offense-t-il Dieu?

Oui, celui qui ne pratique pas les commandements de Dieu offense Dieu, c'est-à-dire commet un péché.

Qu'est-ce que le péché?

Le péché est une désobéissance à la loi de Dieu.

Tous les péchés que nous commettons nous rendent-ils également coupables?

Non, les uns sont mortels et les autres sont véniels.

Qu'est-ce que le péché mortel?

Le péché mortel est une désobéissance à la loi de Dieu en chose grave, avec pleine connaissance et entier consentement.

Quel effet produit en nous le péché mortel?

Le péché mortel ôte à notre âme la vie de la grâce, et nous rend dignes de l'enfer.

Qu'est-ce que le péché véniel?

Le péché véniel est une désobéissance à la loi de Dieu en chose légère, ou même en chose grave, s'il n'y a pas pleine connaissance et entier consentement.

Qui nous avertit que nous commettons le péché ?

C'est notre *conscience.*

Qu'est-ce que la conscience?

C'est une *voix* intérieure qui nous dit si nous faisons bien ou mal.

La Sainte Vierge, enfant, et sainte Anne, sa mère.

LEÇON CINQUIÈME

DES VERTUS THÉOLOGALES

Qu'est-ce qu'une vertu?

Une vertu est une bonne inclination de l'âme qui nous dispose à faire le bien.

Combien y a-t-il de vertus théologales?

Il y a trois vertus théologales : la Foi, l'Espérance et la Charité.

Faites un acte de Foi.

Mon Dieu, je crois fermement tout ce que la sainte Église cathclique, apostolique et romaine m'ordonne de croire, parce que c'est vous, ô vérité infaillible, qui l'avez révélé.

Faites un acte d'Espérance.

Mon Dieu, j'espère avec une ferme confiance que vous me donnerez, par les mérites de Notre-Seigneur Jésus-Christ, votre grâce en ce monde, et, si j'observe vos commandements, votre gloire dans l'autre, parce que vous l'avez promis et que vous êtes souverainement fidèle dans vos promesses.

Faites un acte de Charité.

Mon Dieu, je vous aime de tout mon cœur et par-dessus toutes choses, parce que vous êtes infiniment bon, infiniment aimable ; j'aime aussi mon prochain comme moi-même, pour l'amour de vous.

Qu'est-ce qu'aimer Dieu par-dessus toutes choses?

Aimer Dieu par-dessus toutes choses, c'est préférer Dieu à toutes choses, et même être disposé à mourir plutôt que de l'offenser mortellement.

Qu'est-ce qu'aimer notre prochain comme nous-mêmes?

Aimer notre prochain comme nous-mêmes, c'est lui désirer et fui faire tout le bien que nous voudrions pour nous-mêmes.

« Seigneur, conservez-nous la foi ! »

(100 jours d'indulgence chaque fois. Pie X. 1908.)

LEÇON SIXIÈME

DE LA PRIÈRE

Qu'est-ce que la prière?

La *prière* est une élévation de notre âme vers Dieu, pour l'adorer, le remercier, implorer le pardon de nos péchés, et lui demander ses grâces.

Est-il nécessaire de prier Dieu?

Oui, il est nécessaire de prier Dieu; c'est un de nos devoirs les plus importants, parce que Dieu nous le commande, et que nous avons toujours besoin de son secours.

Quand faut-il prier ?

Il faut prier souvent, avant chacune de nos principales actions, dans les dangers, dans les peines, dans les tentations. Il faut surtout ne jamais manquer sa prière du matin et du soir.

Pour qui devons-nous prier ?

Nous devons prier non seulement pour nous, mais pour l'Église, pour nos parents, nos supérieurs, nos bienfaiteurs, nos amis et même nos ennemis.

Ne devons-nous pas aussi prier pour les morts ?

Oui, nous devons aussi prier pour les morts; c'est un devoir de charité, et parfois même un devoir de justice.

Dieu exauce-t-il toujours nos prières ?

Oui, quand nos prières sont bien faites, Dieu les exauce toujours, en nous accordant ce qu'il juge le plus utile à notre salut.

Que faut-il pour que nos prières soient bien faites ?

Il faut qu'elles soient faites avec attention, humilité, confiance et persévérance.

L'Annonciation.

LEÇON SEPTIÈME

DE LA PRIÈRE (suite)

Quelle est la plus excellente de toutes les prières?

La plus excellente de toutes les prières, c'est le *Pater*, appelé aussi *Oraison dominicale*, ou *prière du Seigneur*, parce que c'est Jésus-Christ lui-même qui nous l'a enseigné.

Récitez l'Oraison dominicale?

Notre Père, qui êtes aux cieux,

1. Que votre nom soit sanctifié,
2. Que votre règne arrive,
3. Que votre volonté soit faite sur la terre comme au ciel.
4. Donnez-nous aujourd'hui notre pain quotidien;

5. Pardonnez-nous nos offenses comme nous pardonnons à ceux qui nous ont offensés;

6. Et ne nous laissez pas succomber à la tentation :

7. Mais délivrez-nous du mal.

Ainsi soit-il.

Ne devons-nous pas avoir une dévotion particulière envers la Très Sainte Vierge?

Oui, nous devons avoir une dévotion particulière envers la Très Sainte Vierge, parce qu'elle est la Mère de Dieu et notre Mère.

Quelle est la prière la plus excellente que l'on puisse adresser à la Très Sainte Vierge?

C'est l'*Ave Maria.* Cette prière est appelée aussi la *Salutation angélique*, parce qu'elle commence par les paroles de l'ange Gabriel, quand il salua Marie et lui annonça qu'elle serait Mère de Dieu.

Récitez la Salutation angélique?

Je vous salue, Marie, pleine de grâce, le Seigneur est avec vous, vous êtes bénie entre toutes les femmes, et Jésus. le fruit de vos entrailles, est béni.

Sainte Marie, Mère de Dieu, priez pour nous, pauvres pécheurs, maintenant et à l'heure de notre mort. Ainsi soit-il

Devons-nous aussi honorer et prier les saints?

Oui, nous devons aussi honorer et prier les saints, spécialement saint Joseph et nos saints patrons.

TROISIÈME PARTIE

De la Grâce et des Sacrements

LEÇON PREMIÈRE

LA GRACE ET LES SACREMENTS

Qu'est-ce que la grâce?

La grâce est un don surnaturel, que Dieu nous accorde, par pure bonté, à cause des mérites de Jésus-Christ, pour nous aider à faire notre salut.

Quels sont les principaux moyens d'obtenir la grâce?

Les principaux moyens d'obtenir la grâce sont les *sacrements* et la *prière*.

Combien de sacrements Jésus-Christ a-t-il institués?

Jésus-Christ a institué sept sacrements : le *Baptême*, la *Confirmation*, l'*Eucharistie*, la *Pénitence*, l'*Extrême-Onction*, l'*Ordre* et le *Mariage*.

Les sacrements donnent-ils toujours la grâce?

Oui, les sacrements donnent toujours la grâce, pourvu qu'on les reçoive avec les dispositions nécessaires; si on les recevait indignement, on commettrait un sacrilège.

Le Baptême de Jésus-Christ par saint Jean-Baptiste.

LEÇON DEUXIÈME

DU SACREMENT DE BAPTÊME

Quel est le plus nécessaire de tous les sacrements?

C'est le Baptême, parce que ceux qui meurent sans l'avoir reçu n'entrent pas dans le Ciel.

Qu'est-ce que le Baptême?

Le Baptême est un sacrement qui efface en nous le péché originel, imprime en notre âme le caractère d'*enfants de Dieu*, nous fait chrétiens et membres de l'Église.

Qu'est-ce que le péché originel?

Le péché originel est le péché commis par nos premiers parents, et dont nous sommes tous souillés en venant au monde.

Peut-on recevoir les autres sacrements avant d'avoir été baptisé?

Non, on ne peut recevoir aucun sacrement avant d'avoir été baptisé.

Que faut-il pour baptiser?

Pour baptiser, il faut verser de l'eau naturelle sur la tête de celui qu'on baptise, et dire en même temps : « Je te baptise, au nom du Père, et du Fils, et du Saint-Esprit. »

LEÇON TROISIÈME

DU SACREMENT DE CONFIRMATION

Qu'est-ce que la Confirmation?

La *Confirmation* est un sacrement qui nous donne le Saint-Esprit, avec l'abondance de ses grâces, imprime en nous le caractère de *soldats du Christ*, et nous rend parfaits chrétiens.

Qui a le pouvoir de donner la Confirmation?

Ce sont les évêques, qui ont le pouvoir de donner la Confirmation.

Quelles cérémonies fait l'Évêque en donnant la Confirmation?

L'évêque impose les mains sur ceux qu'il confirme en invoquant le Saint-Esprit, puis il fait sur leur front une onction avec le saint chrême, en disant : « Je vous marque du signe de la Croix et je vous confirme avec le chrême du salut, au nom du Père, et du Fils et du Saint-Esprit. »

Pourquoi l'évêque impose-t-il les mains sur ceux qu'il confirme?

L'évêque impose les mains sur ceux qu'il confirme pour montrer que le Saint-Esprit descend sur eux et qu'il prend possession de leur âme.

Qu'est-ce que le saint chrême ?

Le saint chrême est de l'huile d'olive, mêlée avec un peu de baume, et consacrée par l'évêque le Jeudi-Saint.

Dans quelles dispositions faut-il être pour recevoir la Confirmation ?

Il faut être en état de grâce, et instruit des principaux mystères de la religion.

L'Institution de la Sainte Eucharistie.

LEÇON QUATRIÈME

DU SACREMENT D'EUCHARISTIE

Quel est le plus grand de tous les sacrements?

Le plus grand de tous les sacrements est l'*Eucharistie*, qu'on appelle aussi le *Très Saint Sacrement*.

Qu'est-ce que l'Eucharistie?

L'*Eucharistie* est un sacrement qui contient réellement et en vérité Jésus-Christ caché sous les apparences du pain et du vin.

Quel jour Jésus-Christ a-t-il institué l'Eucharistie?

Jésus-Christ a institué l'Eucharistie le Jeudi-Saint, veille de sa mort.

Comment l'a-t-il instituée?

Jésus-Christ prit du pain, le bénit et le donna à ses apôtres en disant : « Prenez et mangez, *ceci est mon corps*»; il prit ensuite le calice, où il y avait du vin, et dit : « Prenez et buvez, *ceci est mon sang*. » Et il ajouta : « Faites ceci en mémoire de moi. »

Que fit Jésus-Christ par ces paroles : « Ceci est mon corps, ceci est mon sang ? »

Par ces paroles, Jésus-Christ fit un grand miracle; il changea le pain en son corps, et le vin en son sang.

Jésus-Christ quitte-t-il le ciel pour venir dans l'Eucharistie?

Non, Jésus-Christ ne quitte pas le ciel; il est en même temps dans le ciel et dans chacune des hosties consacrées.

Quels sont les devoirs envers Jésus-Christ présent dans l'Eucharistie?

Nous devons remercier Jésus-Christ de sa présence parmi nous, l'adorer et le visiter souvent.

LEÇON CINQUIÈME

DE LA SAINTE COMMUNION

Qu'est-ce que communier?

Communier, c'est recevoir Jésus-Christ dans le sacrement de l'Eucharistie.

Est-on obligé de communier?

Oui, on est obligé de communier au moins à Pâques, et lorsqu'on est en danger de mort; cette dernière communion s'appelle Viatique.

Est-il bon de communier souvent?

Oui, Jésus-Christ et l'Église désirent vivement que les fidèles s'approchent souvent, et même tous les jours, de la sainte Table.

A quoi est obligé l'enfant qui fait sa première communion privée à l'âge de discrétion?

Il est obligé de continuer à s'instruire de sa religion en assistant fidèlement au catéchisme.

L'enfant qui, par sa faute, n'assisterait pas fidèlement au catéchisme, serait-il digne d'être admis à faire ses communions solennelles?

Non, il n'en serait pas digne.

Quelle est pour communier dignement la disposition la plus nécessaire à l'âme?

La disposition la plus nécessaire à l'âme pour communier dignement, c'est de n'avoir pas de péché mortel; il faut aussi être instruit des principaux mystères de la foi.

Quelle est la disposition du corps absolument nécessaire pour communier?

C'est d'être à jeun, c'est-à-dire de n'avoir rien bu ni rien mangé depuis minuit, excepté en cas de maladie grave, quand on communie chez soi.

Que faut-il faire au moment de communier?

Il faut faire, au moins de cœur, les actes avant la communion, se présenter à la sainte Table modestement vêtu, avec respect et dévotion.

Que faut-il faire après avoir communié?

Il faut faire, au moins de cœur, les actes après la communion, rester quelque temps en action de grâces avant de sortir de l'église, et passer la journée dans le recueillement.

Le saint Sacrifice de la Messe.

LEÇON SIXIÈME

DE LA MESSE

Jésus-Christ a-t-il institué l'Eucharistie pour être seulement un sacrement?

Non, Jésus-Christ a institué l'Eucharistie pour être aussi un *sacrifice*.

Comment s'appelle le sacrifice que Jésus-Christ a institué?

Il s'appelle le saint sacrifice de la *messe*.

Qu'est-ce donc que la messe?

La messe est le sacrifice dans lequel Jésus-Christ s'offre lui-même à Dieu, comme victime, par les mains du prêtre, sous les apparences du pain et du vin.

Pourquoi Jésus-Christ a-t-il institué le saint sacrifice de la messe?

Pour représenter et renouveler tous les jours, sur nos autels, le sacrifice qu'il a offert sur la croix.

Dans quels sentiments devons-nous assister à la messe?

Nous devons assister à la messe en priant avec le prêtre, dans les sentiments que nous aurions eus si nous avions été présents à la Passion et à la mort de Jésus-Christ.

Quand on ne communie pas à la messe, n'est-il pas bon de faire la communion spirituelle?

Oui, il est bon de faire la communion spirituelle, c'est-à-dire d'exprimer à Jésus-Christ le désir qu'il vienne en nous et qu'il nous communique sa grâce.

LEÇON SEPTIÈME

DU SACREMENT DE PÉNITENCE

Qu'est-ce que la Pénitence?

La Pénitence est un sacrement qui remet tous les péchés que nous avons commis après le baptême.

On donne aussi le nom de pénitence à la vertu qui nous dispose au repentir de nos péchés.

Combien d'actes doit-on faire pour le sacrement de Pénitence?

Il y en a trois qui sont :

1° *Regretter* ses péchés, c'est la *contrition ;*

2° Les *avouer*, c'est la *confession ;*

3° *Faire* la pénitence imposée, c'est la *satisfaction*.

Qu'est-ce que la contrition?

La *contrition* est une douleur d'avoir offensé Dieu, avec le ferme propos de ne plus l'offenser.

La contrition est-elle absolument nécessaire?

Oui, la contrition est absolument nécessaire; sans elle, on ne peut obtenir le pardon d'aucun péché.

Comment peut-on reconnaître qu'on a vraiment la contrition?

On peut reconnaître qu'on a vraiment la contrition, quand on l'a sincèrement demandée à Dieu et qu'on a le *ferme propos*.

Qu'est-ce que le ferme propos?

Le *ferme propos* est une ferme résolution de ne pas retomber dans le péché et d'employer tous les moyens pour l'éviter.

Faites un acte de contrition?

Mon Dieu, j'ai un grand regret de vous avoir offensé, parce que vous êtes infiniment bon, infiniment aimable, et que le péché vous déplaît. Je me propose fermement, aidé de votre sainte grâce, de ne plus vous offenser, et de satisfaire à votre justice par la pénitence.

Le sacrement de Pénitence dans la primitive Église.

LEÇON HUITIÈME

DU SACREMENT DE PÉNITENCE (suite)

DE LA CONFESSION

Qu'est-ce que la confession?

La *confession* est l'accusation de ses péchés que l'on fait au prêtre, pour en recevoir le pardon.

Est-on obligé de se confesser?

Oui, on est obligé de se confesser, parce que Jésus-Christ l'a ordonné.

Quand est-on obligé de se confesser?

On est obligé de se confesser au moins une fois par an, et, de plus, quand on est en danger de mort. On doit aussi se confesser dès qu'on a eu le malheur de faire un péché mortel, si on ne veut pas compromettre le salut de son âme.

Est-il bon de se confesser souvent?

Oui, il est très bon de se confesser souvent, pour s'habituer à ne pas rester dans le péché, et parce que le sacrement de Pénitence donne les grâces nécessaires pour ne plus offenser Dieu.

Est-il nécessaire de confesser tous ses péchés?

Oui, il est nécessaire de confesser au moins tous ses péchés mortels.

Doit-on craindre de dire tous ses péchés à son confesseur?

Non, on ne doit jamais craindre de dire tous ses péchés à son confesseur, quelque grands qu'ils soient.

Le prêtre est-il tenu de garder le secret de la confession?

Oui, il est tenu de garder le secret de la confession, même au péril de sa vie.

LEÇON NEUVIÈME

DU SACREMENT DE PÉNITENCE (suite)

Que faut-il faire quand on se dispose à se confesser ?

Il faut *examiner sa conscience*, c'est-à-dire chercher à se rappeler tous les péchés qu'on a commis depuis la dernière confession.

Que faut-il faire, après avoir examiné sa conscience ?

Il faut demander pardon à Dieu de tout son cœur et lui promettre de ne plus recommencer.

Que faut-il faire, quand le moment est venu de se confesser ?

Il faut : 1° se mettre à genoux, avoir les mains jointes, faire le signe de la Croix et dire : « Mon père, bénissez-moi, parce que j'ai péché ! » 2° Réciter le : « Je confesse à Dieu », en s'arrêtant à « par ma faute »; 3° dire combien il y a de temps qu'on s'est confessé, si on a reçu l'absolution et fait sa pénitence; 4° enfin déclarer tous ses péchés en disant : « Mon père, je m'accuse de... »

Que faut-il faire quand on a fini d'accuser ses péchés ?

1° Il faut dire : « Je m'accuse enfin de tous les péchés que j'ai pu oublier, et de tous les péchés de ma vie, j'en demande pardon à Dieu, et à vous, mon père, pénitence et absolution. » 2° Il faut achever de réciter le : « Je confesse à Dieu », depuis : « Par ma faute », jusqu'à la fin.

Que doit-on faire ensuite?

On doit écouter avec docilité les avis de son confesseur, accepter la pénitence qu'il impose, et se disposer à recevoir l'absolution.

Qu'est-ce que l'absolution?

L'*absolution* est la sentence que le prêtre prononce au nom de Jésus-Christ pour pardonner les péchés.

Que faut-il faire pendant que le prêtre donne l'absolution?

Il faut incliner la tête et réciter de tout son cœur l'acte de contrition.

Que faut-il faire après avoir reçu l'absolution?

Il faut remercier Dieu et se disposer à suivre les avis du confesseur.

Est-il nécessaire de faire la pénitence sacramentelle?

Oui, il est nécessaire de faire la pénitence sacramentelle; celui qui néglige de la faire commet un péché.

Angers, imp. G. Grassin. — 3-13

TABLE DES MATIÈRES

Paroissiens du Diocèse d'Angers

Reliure anglaise noire, tranche marbrée 2 50
Reliure basane, racine à nerf, tranche marbrée 2 60
Reliure mouton grenat, tranche dorée .... 4 »
Reliure mouton noir, tranche dorée 4 25
Reliure mouton grenat, cadre demi-jonc 4 75
Reliure mouton grenat, cadre jonc 5 25
Reliure chagrinée en relief, tranche dorée 4 75
Reliure chagrin noir, 2e choix et lavallière, tranche dorée 5 25
Reliure chagrin lavallière, 2e ch., tranche dorée, cadre jonc 7 25
Reliure chagrin noir et lavallière, 1er choix, tranche dorée 6 25
Reliure maroquin avec charnière, avec ou sans dentelle à froid, tranche dorée .... 10 »

Catéchisme du Diocèse

Avec évangiles des dimanches 0 75
Sans évangiles 0 60

CATÉCHISME DES PETITS ENFANTS

Prix 0 25

MANUEL DU CATÉCHISTE

Ou explication littérale, dogmatique et morale du diocèse d'Angers, avec traits historiques, par l'Abbé J. AMIRAULT.
Deux volumes in-12 .... 6 »

EXAMEN DE CONSCIENCE SIMPLIFIÉ POUR LES ENFANTS

Prix : *L'unité* ..... 0 05 — *Franco* ... 0 10
La douzaine 0 35 — *Franco* ... 0 50
Le cent ..... 3 50 — *Franco* ... 4 »

CANTIQUES DU DIOCÈSE D'ANGERS

Un volume in-32, cartonné .... 1 »

RECUEIL DE CANTIQUES

Pour la Communion des enfants, la Confirmation et le mois de Marie.

L'exemplaire 0 10
La douzaine .... 1 »
Le cent .... 8 »

www.ingramcontent.com/pod-product-compliance
Ingram Content Group UK Ltd.
Pitfield, Milton Keynes, MK11 3LW, UK
UKHW022128260726
13993UKWH00003B/1301

9 782019 934415